FIVE COIMBRA POETS

Dom Dinis

Sá de Miranda

Antero de Quental

Camilo Pessanha

Fernando Assis Pacheco

This edition was sponsored by

BILINGUAL EDITION
PT | EN

FIVE
COIMBRA POETS

Selection and introduction
Luís Quintais

Translation
Martin Earl

Illustrations
Alya Kuznetsova

SHANTARIN

TITLE
Five Coimbra Poets

AUTHORS
**Dom Dinis, Sá de Miranda,
Antero de Quental, Camilo Pessanha,
Fernando Assis Pacheco**

SELECTION AND INTRODUCTION
Luís Quintais

TRANSLATION
Martin Earl

TRANSLATION REVISION
Irene Ramalho-Santos

ILLUSTRATIONS
Alya Kuznetsova

GRAFIC DESIGN
Juliana Miguéis & Teresa Matias

FONTS
Aria Text G1, by Rui Abreu
Sabon, by Jan Tschichold
Usual, by Rui Abreu

PUBLISHING DIRECTOR
João Pedro Ruivo

SERIES
Litteraria

PUBLISHER
SHANTARIN

shantarin.com
shantarin@shantarin.com

First edition: March 2022
Lisboa, Portugal
Printed by Lousanense – Artes Gráficas
ISBN 978-989-53422-0-4 | Dep. legal 496186/22

© Antiga Shantarin, Lda.
All rights reserved. No part of this publication may
be reproduced in any form or by any means without
prior permission in writing from the publisher.

CONTENTS

9	**Contributors to this edition**
11	**Purpose**
14	**Translator's note**
17	**FIVE COIMBRA POETS**
18	**Dom Dinis**
20	Cantiga de amigo **Cantiga de amigo**
22	Cantiga de amigo **Cantiga de amigo**
26	Alba **Alba**
30	**Sá de Miranda**
32	Cantiga feita nos grandes campos de Roma **Cantiga written on the fields outside Rome**
34	Tantas mercês tão desacustumadas **So many blessings, how weird**
36	Alma, que fica por fazer desd'hoje **Soul, what's left—starting today—**
38	Aquela fé tão clara e verdadeira **That faith so clear and honest**
40	Desarrezoado amor, dentro em meu peito **Irrational love is stuck in my breast**
42	Não sei qu'em vós mais vejo; não sei que **I don't know what I still see in you; nor**

44	O sol é grande, caem co'a calma as aves **The sun is huge, birds glide in on the calm**
46	Quando eu, senhora, em vós os olhos ponho **When—my lady—on you I lay my eyes**
48	Resposta a um soneto de Pêro d'Andrade Caminha **Reply to a Sonnet by Pêro d'Andrade Caminha**
50	Este retrato vosso é sinal **Because of the poverty of my vision**

52	**Antero de Quental**
54	À guitarra **Accompanied by Guitar**
58	Lamento **Lament**
60	Tormento do ideal **Torment of the Ideal**
62	Aspiração **Aspiration**
64	Desesperança **Desperation**
66	Sonho oriental **Oriental Dream**
68	Idílio **Idyll**
70	Nocturno **Nocturnal**
72	Despondency **Despondency**
74	O inconsciente **The Unconscious One**

| 76 | Mors-Amor |
| | **Mors-Amor** |

| 78 | Nox |
| | **Nox** |

| 80 | Oceano Nox |
| | **Oceano Nox** |

| 82 | Hino da Manhã |
| | **Morning Hymn** |

| 94 | **Camilo Pessanha** |

| 96 | E eis quanto resta do idílio acabado |
| | **And this is what's left of the finished idyll** |

| 98 | Passou o Outono já, já torna o frio… |
| | **Autumn's gone by now, it's turning frigid…** |

| 100 | Floriram por engano as rosas bravas |
| | **The wild roses were tricked into bloom** |

| 102 | Quem poluiu, quem rasgou os meu lençóis de linho |
| | **Who stained… who tore my bedclothes of linen** |

| 104 | Quando voltei encontrei os meus passos |
| | **Turning back I met my own steps, fast** |

| 106 | Imagens que passais pela retina |
| | **Images from my retina wander** |

| 108 | Vida |
| | **Life** |

| 110 | Ao longe os barcos de flores |
| | **In the distance the flower boats** |

| 112 | Viola Chinesa |
| | **Moon Lute** |

| 114 | Ó cores virtuais que jazeis subterrâneas |
| | **You, virtual colors that lie subterranean** |

116	**Fernando Assis Pacheco**
118	Eu vi uma noiva sair do automóvel **I Saw a Bride Get Out of the Car**
120	Poeta no supermercado **Poet at the Supermarket**
124	Monólogo e explicação **Monologue and Explanation**
126	Diuturnitas externi mali **Diuturnitas externi mali**
128	Morro do Aragão **Aragão Hill**
130	Isso, a Walther **Yeah, Walther**
132	Olivais, Coimbra **Olivais, Coimbra**
134	Louvor do bairro dos Olivais **In Praise of the *Bairro dos Olivais***
136	Coimbra em formato postal **Coimbra in Postcard Format**
140	Canção do ano 86 **1986 Song**
144	Soneto aos filhos **Sonnet to My Children**
146	As putas da avenida **Streetwalkers**

Contributors to this edition

Alya Kuznetsova is a graphic designer and illustrator from Moscow. She has lived in Coimbra since 2018, where, besides continuing her work in the arts, she studied Portuguese language and culture. She has worked as an illustrator and a graphic designer in advertising agencies and design studios since 2010. Previous book illustrations include Gopal Mukerji's *Hari, the Jungle Lad* (Meshcheryakov Publishing House, Moscow, 2016), and Ivan Efremov's *Cutty Sark* (Meshcheryakov Publishing House, Moscow, 2017).

Luís Quintais is a Poet, essayist, anthropologist and professor at the University of Coimbra. His collections of poetry include *O vidro* (2014), *Arrancar penas a um canto de cisne. Poesia 2015–1995* (2015), *A noite imóvel* (2017), *Agon* (2018), and *Ângulo morto* (2021). His poetry has received some of Portugal's most important literary prizes and has been translated into the principal European languages.
luisquintaisweb.wordpress.com

Irene Ramalho-Santos is Professor Emerita of the Faculty of Letters and Senior Researcher of the Center for Social Studies (CES), University of Coimbra. From 1999 to 2018 she was International Affiliate of the Department of Comparative Literature (University of Wisconsin-Madison). She is the author of *Atlantic Poets: Fernando Pessoa's Turn in Anglo-American Modernism* (2003), "Poetry in the Machine Age" (*The Cambridge History of American Literature*, vol. V, 2003) and *Fernando Pessoa and the Lyric. Disquietude, Rumination, Interruption, Inspiration, Constellation* (2022). She co-edited *The American Columbiad: Discovering America, Inventing the United States* (1997), *Translocal Modernisms. International Perspectives* (2008), *Transnational, Post-Imperialist American Studies?* (2010) and *America Where?: Transatlantic Views of the United States in the Twenty-First Century* (2012).

Martin Earl is a poet and translator who lives in Coimbra. His translations include Fernando Pessoa's *Message* (2020). His poetry has appeared most recently in *Nervo/10 – Colectivo de Poesia*, translated by Margarida Vale de Gato.

Purpose

Five Coimbra Poets takes historical contingency—the accident—as a pretext that would seem to unify profoundly different poetical voices from diverse centuries. Its chronological range is ample, starting in late medieval Portugal with Dom Dinis and ending with Fernando Assis Pacheco in the last half of the 20th century. To this historical contingency a contingency of choices is added—an accident of choices. A dual opportunity, a dual purpose: firstly, to bring together certain poets who were either born or lived in Coimbra and who were touched in a way—more or less asymmetrically, more or less explicitly—by the city, by the surrounding countryside and the region; secondly, to offer up poets and poems, some more canonical than others, whose occasion here reflects a personal and subjective choice that is tailored towards both initiation and concision.

Dom Dinis and Sá de Miranda are joined by the two 19th century poets who most marked the memory of literature which the city keeps alive and which the poems themselves keep alive of the city. Both Antero de Quental and Camilo Pessanha are, in this sense, crucial. The lyrical intensity of landscape and cityscape is alive as well in Fernando Assis Pacheco, who perhaps wrote the most penetrating and moving poems about Coimbra and its worlds, which were those of his childhood, adolescence and early manhood.

The relationship between poetry and identity is complex, and my purpose here is not to articulate it with any thoroughness. Nevertheless, it is important to underline this complexity and draw from it some lessons that arise out of it in fundamental ways.

Poetry's identity is upstream from the identity of a people or the *spirit of place*, which could be a city or a region. And the poets presented in this anthology should be read with this warning in mind. A few more points accrue from here.

For instance, to what country, place or city does one who is a citizen of no community—like the philosopher Wittgenstein—belong?

To write poetry is to challenge the sense and the sound of the world in a single, precise gesture.

It brings us closer not to an *original* experience, but to the possibility of interference. To interfere in this game of tensions between sound and sense, but to do so without warning, without permission, without reverence, even, for the tradition, despite the weight the tradition has in what is being done, despite the immeasurable ambition of one who would sidestep the blind knot of tradition.

So, what is there of identity in the poems if not the deep identity of this game of sound and sense? Not much.

But in that paucity there is—possibly—a world.

Poetry can aspire to the affirmation of a world. And when does that aspiration become decisive and a considerable part of the linguistic game poetry plays? When that world is threatened, and, to a certain extent, all poetry is permanently under threat. An existential threat, whose horizon is the death and failure of the language to which the poet responds by mobilizing expressive and formal means that seem to him, initially, forbidden, given the abrasion that affects ordinary articulations and the real-world dumbing down that impoverishes and wears out the language.

Only unmeasured attention, and generalized and intensive reflexivity, will rescue the language and fend off, even if circumstantially, the weight of this threat. Only this kind of attention can forge the language anew, that is, reinvent it, give it worlds which are forms of lyrical interference in the ordinary fabric of words in their phonetic, syntactic and semantic environments. There is no origin, but there is, if we want, a purpose, an imminence of rescue, an anticipation. There is no wellspring, but there is a downstream, a distant future, and, perhaps, a reunion.

The identity-creating affirmation is a false one and lies outside the search for a response (for a form of resistance) to this very real threat. All those poets who have taken on the role of creating collective identities (of a people, of a place, of a city) have failed in their purposes, and betrayed the urgency of those who write without alternatives. The poets collected here wrote, in this sense, without alternatives.

One final note: this work would also not have been possible without the concurrence of certain fundamental anthologies that mark the memory out of which Portuguese literature is constructed, notwithstanding my skepticism about previous, current and future attempts to collectivize poetry. I am thinking in particular about *Enchanting Coimbra: A Collection of Poetry about Coimbra*, by Adosinda Providência and Madalena Torgal Ferreira (2003), *A Personal Anthology of Portuguese Poetry*, by Eugénio de Andrade (1999), and *Portuguese Poems: An Anthology of the Portuguese Poetry of the 18th and 19th Centuries*, edited by Jorge Reis-Sá and Rui Lage (2009).

All reading is a journey—just as all writing is—through an internal and external landscape, a mental landscape that appeals to the profound concatenation that extends from language to the world and back again, and that annuls the claims of patrimony and territory that, apparently, are part of the hasty reading that subordinates poetry to the collective.

As the author of the anthology at hand, I invite you on a journey, which is also personal, full of discovery and surprise. So, have a good trip!

Luís Quintais
November 2019

Translator's note

Luís Quintais, Portuguese poet, anthropologist and the anthologist behind *Five Coimbra Poets*, says something rather remarkable in the introduction to this volume: "Poetry's identity is upstream from the identity of a people or the spirit of place…" The gist of this truth is that there is no obvious line between the poem and its occasion. And by occasion I mean all of that which informs other uses of written language: fiction, theatre, journalism, the essay, literary or social criticism, etc., in which the linkage between content and authorial intent is foregrounded and used to consolidate character, motive, place, and the narrative arc of the well-told. Indeed, poetry is closer to music than it is to its written relatives in that it resists its own context. Cleanth Brooks in his 1957 volume *The Well Wrought Urn* spoke of "the heresy of paraphrase." In his understanding the poem was a "simulacrum of reality" and not a "statement about experience."

These related notions create a problem for the translator of poetry. As translators, trying to find our way inside a poem is like trying to enter a house without doors. Robert Frost went even further in saying that "poetry is what gets lost in translation." Translating the stuff is a contravention of its proper nature, a transgression—but translate it we do. We pull the houseboat of the poem back downstream, dock it at the city's main wharf, and carve a door in its beautiful musical façade so that the public can go inside. What we end up with, as Irene Ramalho-Santos says in her latest book *Fernando Pessoa and the Lyric* (London, 2022, pp. 59), is not the "same poem in a different language" but "a different poem in a different language." And what is the point of that, when failure through misrepresentation is the only possible outcome?

Perhaps there is no point. Perhaps the beauty of translating poetry at all resides in there being no point. Like playing heavenly music with earthy instruments, redemption is in the failure, in the imperfection and the pure audacity of trying the impossible.

That said, Luís Quintais did leave a contextual chink in his metaphor of upstream identity. The city of Coimbra, like Joyce's Dublin, has a river running through it, *from swerve of shore to bend of bay*. Luís's "upstream" —as the upstream of all the poets represented in this book—lies in Corgo das Mós roughly northeast of Penacova and is connected to Coimbra via the Mondego River, which empties out of the mountains flowing westward, and broadens on its last bend before running majestically through the city which it mirrors and tempers in every aspect, its poets included. And that river runs through every poem in this book.

    Having lived on the banks of the Mondego for the last thirty years, I have snuck into these poems, different poems in a different language, a little of my own context.

Martin Earl

FIVE
COIMBRA POETS

Dom Dinis
1261–1325

Dom Dinis was King of Portugal and of the Algarve between the years 1279 and 1325, the year of his death. The oldest son of King Afonso III and Beatriz of Castile, he married Isabel of Aragon, known as the "Holy Queen," in 1282. Dinis has become a pivotal figure in our understanding of the history of Portugal as a nation state. It was during his reign that the Treaty of Alcañices (1297) was signed with Castile and that the Portuguese language was institutionalized, becoming the official language of the court. It was also during his reign that the first Portuguese University was established in Lisbon, and later moved to Coimbra. Indeed, he was the first literate Portuguese monarch. Dom Dinis is one of the great Portuguese poets. As a pioneer of Iberian troubadour poetry, the king as poet, or poet-king, cultivated the style's variety of registers in exemplary fashion: *cantigas de amigo*, *cantigas de amor*, and *cantigas de escárnio e maldizer*. These poems were called *cantigas* (songs) because they were written to be sung. There are 137 *cantigas* attributed to Dom Dinis. Of these, 72 are *de amor* (7 of which have scored music), 51 are de amigo and 10 *de escárnio*; there are also three *pastorelas* and one literary satire and the *canção apócrifa* (apocryphal song) "Pero muito amo" ("But I love you so much").

Dom Dinis

Cantiga de amigo

Amiga, muit'há gram sazom
que se foi daqui con el-rei
meu amigo, mais já cuidei
mil vezes no meu coraçom
    que algur morreu com pesar,
    pois nom tornou migo falar.

Por que tarda tam muito lá
e nunca me tornou veer,
amiga, si veja prazer,
mais de mil vezes cuidei já
    que algur morreu com pesar,
    pois nom tornou migo falar.

Amiga, o coraçom seu
era de tornar ced'aqui
u visse os meus olhos em mim,
e por en mil vezes cuid'eu
    que algur morreu con pesar,
    pois nom tornou migo falar.

Cantiga de amigo

My friend, it's been so long
since my dear went away
with the king, and I've prayed
in my heart a thousand times
    since he never returned
        that he didn't die of sadness.

Because why else would he tarry
and never come back to see me,
my friend, unless I no longer
please him. I keep praying
    since he never returned
        that he didn't die of sadness.

Friend, his heart's will
was to come back quickly
and look straight into my eyes
and a thousand times I've prayed
    since he never returned
        that her didn't die of sadness.

Dom Dinis

Cantiga de amigo

— Ai flores, ai flores do verde pino,
se sabedes novas do meu amigo?
	Ai Deus, e u é?

Ai flores, ai flores do verde ramo,
se sabedes novas do meu amado?
	Ai Deus, e u é?

Se sabedes novas do meu amigo,
aquel que mentiu do que pôs conmigo?
	Ai Deus, e u é?

Se sabedes novas do meu amado,
aquel que mentiu do que mi há jurado?
	Ai Deus, e u é?

— Vós me preguntades polo voss'amigo
e eu bem vos digo que é san'e vivo.
	Ai Deus, e u é?

— Vós me preguntades polo voss'amado
e eu bem vos digo que é viv'e sano.
	Ai Deus, e u é?

Cantiga de amigo

—Oh flowers, oh flowers of the green pine,
if you know anything about my friend?
    Oh God, where is he?

Oh flowers, oh flowers of the green branch,
if you know anything about my lover?
    Oh God, where is he?

If you know anything about my friend,
the one who lied about what he promised me?
    Oh God, where is he?

If you know anything about my lover,
the one who lied about what he swore to me?
    Oh God, where is he?

—You ask me about your friend
and he's well I say full of vigor and alive.
    Oh God, where is he?

—You ask me about your lover
and he's well I say alive and full of vigor.
    Oh God, where is he?

— E eu bem vos digo que é san'e vivo
e será vosco ant'o prazo saído.
 Ai Deus, e u é?

— E eu bem vos digo que é viv'e sano
e será vosco ant'o prazo passado.
 Ai Deus, e u é?

—And he's well I say full of vigor and alive
and he'll be with you before the hour is over.
      Oh God, where is he?

—And he's well I say alive and full of vigor
and he'll be with you at the appointed hour.
      Oh God, where is he?

Dom Dinis

Alba

Levantou s'a velida,
levantou s'a alva,
e vai lavar camisas
    eno alto,
        vai las lavar a alva.

Levantou s'a louçana,
levantou s'a alva,
e vai lavar delgadas
    eno alto,
        vai las lavar a alva.

E vai lavar camisas;
levantou s'a alva,
o vento lhas desvia
    eno alto,
        vai las lavar a alva.

E vai lavar delgadas;
levantou s'a alva,
o vento lhas levava
    eno alto,
        vai las lavar a alva.

Alba

She wakes so pretty,
she wakes at daybreak,
off to wash shirts
    at the brook,
        she'll wash them at daybreak.

She wakes so beautiful,
she wakes at daybreak,
to wash her delicate smocks
    at the brook,
        she'll wash them at daybreak.

And she goes to wash shirts;
she wakes at daybreak,
the wind scatters them
    by the brook,
        she'll wash them at daybreak.

To wash her delicate smocks;
she wakes at daybreak,
the wind lifts them
    by the brook,
        she'll wash them at daybreak.

Dom Dinis

O vento lhas desvia;
levantou s'a alva,
meteu s'a alva en ira
    eno alto,
        vai las lavar a alva.

O vento lhas levava;
levantou s'a alva,
meteu s'a alva en sanha
    eno alto,
        vai las lavar a alva.

The wind scatters them;
she wakes at daybreak,
daybreak irks her
    at the brook,
        she'll wash them at daybreak.

The wind lifts them;
she wakes a daybreak,
she gets furious with daybreak
    by the brook,
        she'll wash them at daybreak.

Sá de Miranda
1487–1558

Francisco de Sá de Miranda was born in Coimbra. He studied in the school at the Santa Cruz Monastery, where Portugal's great epic and lyrical poet Luís de Camões was also schooled some decades later. He went on to read Law at the University, at the time based in Lisbon. As a graduate of Law, he frequented the Court and became friends with the Portuguese Renaissance poet Bernardim Ribeiro (1482?–1552?). Thirteen of Sá de Miranda's poems were published in the famous *Cancioneiro Geral* assembled by Garcia de Resende (1516). He spent six years abroad in Italy, from where he imported and introduced the sonnet and the *dolce stil nuovo* (*sweet new style*) into the Portuguese language. He died in Amares, in the District of Braga in the north of Portugal, where he had moved after becoming fed up with court life in Lisbon. This later period of relative solitude was one of his most productive poetically speaking. He is buried in the cemetery of the Igreja de São Martinho de Carrazedo.

Cantiga feita nos grandes campos de Roma

Por estes campos sem fim,
onde a vista assi se estende,
que verei, triste de mim,
pois ver-vos se me defende?

Todos estes campos cheios
são de saudade e pesar,
que vem para me matar
debaixo de céus alheios.
Em terra estranha e em ar,
mal sem meio e mal sem fim,
dor que ninguém não entende,
até quão longe se estende
o vosso poder em mim!

Cantiga written on the fields outside Rome

Across the endless meadow
where far extends the view
what will I see—so full of woe—
disallowed from seeing you?

These meadows all asway
are longing and misery,
that's bound to kill me
beneath a sky so far away.
In foreign air and land,
hapless harm without end
pain no one can comprehend,
even how far it can extend
this your power over me!

TANTAS MERCÊS TÃO DESACOSTUMADAS,
como as servirei eu devidamente?
Farei como já fez um inocente,
um rústico pastor d'antre as manadas.

Que d'água of'receu em mãos lavadas
a Xerxes: bebeu ele, e santamente
jurou que não bebera té o presente
com tal sabor, por copas d'ouro obradas.

Senhor Dom Manuel, se a só clareza
dum peito aberto, puro e fé lavada
muito merece, muito vos mereço.

A pedraria, vãmente estimada,
os ricos cristalinos de Veneza
lá se acham; eu, òs meus palmos me meço.

So many blessings, how weird,
how can I meet them correctly?
Like some naïf's done already,
some rough shepherd driving his herd.

That water offered Xerxes from clean
cupped hands: he drank it, then averred
like a saint: *he'd never drunk—not even
from golden bowls—water so superb.*

Senhor Dom Manuel, if it's only clearness
of an open heart, faith pure and cleaned
that's worthy, worthy of you I am.

Precious stones vainly esteemed,
crystalline riches of Venice,
you have it all; me, I am what I am.

ALMA, QUE FICA POR FAZER DESD'HOJE
na vida mais, se a vã minha esperança,
que sempre sigo, que me sempre foge,
já quanto a vista alcança a não alcança?

Fortuna que fará? Roube, despoje,
prometa doutra parte em abastança,
que tem com que m'alegre, ou com que anoje?
Tanto tempo há que dei mão à balança.

Chorei dias e noites, chorei anos,
e fui ouvido ao longe, pelo escuro
gritando, acrescentar muito em meus danos.

Agora que farei? Por amor juro
de tornar a cantar fora d'enganos
e, por muito do mal, posto em seguro.

Soul, what's left—starting today—
to be done in life if the empty fancies
I'm always chasing, always run away,
the more sight sees them, the less it sees?

What now, Fortune? Carry off your spoils,
promise, on the other hand, in abundance,
you've got what'll please, or make me nauseous?
I've been trying forever to tip the scales.

I cried night and day, I cried for years,
and was heard far off, in darkness
screaming, adding tears to tears.

So, what now? On love I promise
I'll sing without these errors,
and, as bad as it seems, try to risk less.

Aquela fé tão clara e verdadeira,
A vontade tão limpa e tão sem mágoa,
Tantas vezes provada em viva frágoa
De fogo, e apurada, e sempre inteira;

Aquela confiança, de maneira
Qu'encheu de fogo o peito, os olhos d'água,
Por que eu ledo passei por tanta mágoa,
Culpa primeira minha e derradeira

De que me aproveitou? Não de al por certo
Que dum só nome tão leve e tão vão,
Custoso ao rosto, tão custoso à vida.

Dei de mim que falar ao longe e ao perto;
Ria, a si se consola a alma perdida,
Se não achar piedade, ache perdão.

THAT FAITH SO CLEAR AND HONEST,
the will so clean, so free of offence,
so often tested in the living furnace,
finished in fire, and always flawless;

that assurance, how it filled my breast
with flame, my eyes with water—since,
happily, I went through such bitterness,
the fault mine, first and last.

What did I gain? Nothing, it's clear,
but a name so paltry, so presumptuous,
bad for our image, and how we live.

I gave them reason to talk, far and near;
Laugh, that's how a lost soul finds solace,
if you can't pity, at least forgive.

Desarrezoado amor, dentro em meu peito,
tem guerra com a razão. Amor, que jaz
i já de muitos dias, manda e faz
tudo o que quer, a torto e a direito.

Não espera razões, tudo é despeito,
tudo soberba e força; faz, desfaz,
sem respeito nenhum; e quando em paz
cuidais que sois, então tudo é desfeito.

Doutra parte, a Razão tempos espia,
espia ocasiões de tarde em tarde,
que ajunta o tempo; enfim vem o seu dia:

Então não tem lugar certo onde aguarde
Amor; trata treições, que não confia
nem dos seus. Que farei quando tudo arde?

IRRATIONAL LOVE IS STUCK IN MY BREAST,
at war with reason. And it persists
for days on end, ordains and insists
on what it wants, from east to west.

Impatient of reason, everything is spite,
arrogance and force; make, break,
with little respect; and when you think
you're at peace, everything falls to bits.

On the other hand, Reason keeps an eye
out, sees occasions at every turn,
building its case, until the day is nigh:

So, it has no real room for love, spurns
it; deals harshly with betrayals, won't ally
with friends. What will I do when everything burns?

Sá de Miranda

Não sei qu'em vós mais vejo; não sei que
mais ouço e sinto ao rir vosso e falar;
não sei qu'entendo mais, té no calar,
nem quando vos não vejo alma que vê;

Que lhe aparece em qual parte qu'estê,
olhe o céu, olhe a terra, ou olhe o mar;
e, triste aquele vosso suspirar,
em que tanto mais vai, que direi qu'é?

Em verdade não sei; nem isto qu'anda
antre nós: ou se é ar, como parece,
se fogo doutra sorte e doutra lei,

em que ando, e de que vivo; nunca abranda;
por ventura que à vista resplandece.
Ora o que eu sei tão mal, como o direi?

I don't know what I still see in you; nor
what I hear and feel when you laugh and talk;
if I get you, even when you don't speak,
when I don't see you as a soul that sees;

What's apparent to you wherever you are,
looking at the sky, the earth, the sea;
and how sad that longing of yours, the sigh,
in which so much more goes—what should I say?

Frankly, I don't know; not even what goes
between us: either it's air, as appears,
or fire of some other sort, other fiat,

where I go, what I'm faced with, never slows;
conceivably when I look it glitters.
So, what I scarcely know, how to say it?

O SOL É GRANDE, CAEM CO'A CALMA AS AVES,
do tempo em tal sazão, que soe ser fria;
esta água que d'alto cai acordar-me-ia
do sono não, mas de cuidados graves.

Ó cousas, todas vãs, todas mudaves,
qual é tal coração qu'em vós confia?
Passam os tempos, vai dia trás dia,
incertos muito mais que ao vento as naves.

Eu vira já aqui sombras, vira flores,
vi tantas águas, vi tanta verdura,
as aves todas cantavam d'amores.

Tudo é seco e mudo; e, de mestura,
também mudando-m'eu fiz doutras cores:
e tudo o mais renova, isto é sem cura!

THE SUN IS HUGE, BIRDS GLIDE IN ON THE CALM
of such a season, it's usually cold;
and this water that falls from above, it could
wake me, not from sleep but serious qualm.

Oh things! Mutable, all of them hollow,
what kind of heart would put its trust in you?
Time is passing, days upon days accrue,
more uncertain than ships in a blow.

By now I've seen shadows, seen flowers,
seen so much green, so much water,
the birds sang of love's pleasures.

Now all is blighted, mute; but what's sure
is, in changing too, I changed colors:
all else renewed, for me there's no cure!

QUANDO EU, SENHORA, EM VÓS OS OLHOS PONHO,
e vejo o que não vi nunca, nem cri
que houvesse cá, recolhe-se a alma a si,
e vou tresvaliando, como em sonho.

Isto passado, quando me desponho,
e me quero afirmar se foi assi,
pasmado e duvidoso do que vi,
m'espanto às vezes, outras m'avergonho.

Que, tornando ante vós, senhora, tal,
quando m'era mister tant'outr'ajuda,
de que me valerei, se alma não val?

Esperando por ela que me acuda,
e não me acode, e está cuidando em al,
afronta o coração, a língua é muda.

When—my lady—on you I lay my eyes,
and I see what I've never seen, and believe
you can't possibly exist, my soul cleaves
to itself and, as in a dream, I'm mesmerized.

Once I pull myself together and decide
to verify that this was as it seemed,
shocked and doubtful about what I'd seen,
I'm amazed, and sometimes mortified.

So that when we meet again, and again,
just as when it was help or nothing,
where is succor if my soul is worthless?

And waiting for my soul to help me, when
it won't, though in all else it's caring,
offends the heart and leaves me speechless.

Resposta a um soneto de Pêro d'Andrade Caminha

Assi que me mandáveis atrever
a versos já das Musas asselados,
e àquela grande Sílvia consagrados!
Ícaro me põe medo e Lucifer.

Os meus, se nunca acabo de os lamber,
como ussa os filhos mal proporcionados,
— ah! passatempos vãos! ah! vãos cuidados! —
a quem posso porém nisso ofender?

Tudo cabe no tempo, entregue ao ano,
depois à perda; diga-me esta gente
qual anda o furioso assi emendado.

Torno às cousas sagradas: que um profano
leigo, como eu, tocá-las tão somente
não é de siso são, mas de abalado.

Reply to a Sonnet by Pêro d'Andrade Caminha

As soon as you dared me to alter
verses by the muses already consecrated,
and to the great Sylvia dedicated!
I took fright, thinking: Icarus, Lucifer.

But mine—vain pastime! empty nurture!—
if I never finish licking them,
like a bear her ungainly litter,
in the end, who will I ever offend?

Everything takes time, up to a year,
to finally abandon them; tell me who then
goes around furious if something's changed.

But the sacred things: that a secular
layman, like me, would even touch them
is hardly sound. In fact, it's deranged.

Pêro d'Andrade Caminha (c. 152?–1589) was a poet and Portuguese nobleman who supposedly cultivated a rivalry with Luís de Camões.

ESTE RETRATO VOSSO É SINAL
ao longe do que sois, por desamparo
destes olhos de cá, porque um tão claro
lume não pode ser vista mortal.

Quem tirou nunca o sol por natural?
Nem viu, se nuvens não fazem reparo,
em noite escura ao longe aceso a um faro?
Agora se não vê, ora vê mal.

Para uns tais olhos, que ninguém espera
de face a face, gram remédio fora
acertar o pintor ver-vos sorrindo.

Mas inda assi não sei que ele fizera,
que a graça em vós não dorme em nenhũa hora.
Falando que fará? Que fará rindo?

Because of the poverty of my vision
This portrait is just an intimation,
far from what you are—such clear light
just can't be seen with mortal sight.

Who never took the sun to be natural?
Nor saw in the dark night the far
off beacon, if the clouds didn't mar
the sight. Now it's seen badly, or not at all.

For eyes like these, that no one's expecting
to see face to face, the best thing
would be for the painter to catch you smiling.

But even if he did, there's no imagining
what he'd do—that grace in you is never sleeping.
If you spoke, how would it be? Or started laughing?

Antero de Quental
1842–1891

Antero Tarquínio de Quental was born on the island of São Miguel in the Azores. At the age of sixteen he moved to Coimbra to study Law and there he began to find an outlet for his socialist ideas. In 1861, he published his sonnets for the first time. In 1865 he published *Odes Modernas (Modern Odes)*, poems in which the influence of Pierre-Joseph Proudhon is patent. In the same year the celebrated Questão Coimbrã (The Coimbra Question) arose, in which the emerging naturalism and realism of the Generation of the 70s, to which Quental belonged, openly opposed the formal values and principles of Romanticism represented by authors like António Feliciano de Castilho. In 1866 Antero de Quental moved to Lisbon where he worked as a typographer. The following year found him in Paris also working as a typographer during the first months he was there. He returned to Lisbon in 1868 where he formed a literary group called *Cenáculo* which included Batalha Reis, Eça de Queiroz, Ramalho Ortigão and Guerra Junqueiro, friends from his Coimbra years. The group would have a profound impact on the Portuguese intellectual landscape of the 19th century, particularly due to the famous Conferências do Casino (Casino Conferences) of 1871 which demonstrated an emphatic desire for social transformation and modernity. The 1870s was a particularly fertile period in terms of political involvement with Quental contributing to numerous publications and newspapers. The first edition of the *Sonetos Completos (Complete Sonnets)* was published in 1886. Between 1881 and 1891 he resided in Vila do Conde, a coastal city in northern Portugal. In September of 1891, during one of his trips that he made periodically over the years to the Azores, he committed suicide on a park bench in Ponta Delgado, São Miguel. He is buried in the São Joaquim Cemetery in the city where he died.

À guitarra

III

Lindas águas do Mondego,
Por cima olivais de monte!
Quando as águas vão crescidas
Ninguém passa além da ponte!

Ó rio, rio da vida,
Quem te fora atravessar!
Vais tão cheio de tristezas...
Ninguém te pode passar!

Mas dize tu, ó Mondego,
Pois todos levam seu fado,
Tu que foges e eu que fico,
Qual de nós vai mais pesado?

Tu, ao som dos teus salgueiros,
Levas as tuas areias...
Eu, ao som dos meus desgostos,
Levo estas negras ideias...

Debaixo do arco grande,
Onde a água faz remanso,
Tem paz certa qualquer triste
Que ande à busca de descanso.

Accompanied by Guitar

III

Lovely waters of the Mondego,
Olive groves that reach the ridge!
When the waters start to rise
No one gets past the bridge!

Oh river, river of life,
You flow so full of sorrow…
Who could ever cross you!
Who would flout your flow?

But you tell me, Mondego,
To each his own fate,
I who stay put, you who go,
Who carries more weight?

You shift your sands
To the weeping of your willows…
I shift my tragic plans
To the sound of my woes…

Under the big archway,
Where the water forms an inlet,
Melancholics looking for rest
Will find there certain quiet.

O luar bate no rio;
Tem um mágico fulgor...
Não há assim véu de noiva,
Nem há mortalha melhor!

Lindas areias do rio!
Uma traz doutra a fugir,
Vão direitas dar ao mar...
Ah, quem pudera dormir!

Quem tiver amores tristes
E andar roto a mendigar,
Dá-lhe a água um brando leito
E há-de vesti-lo o luar!

À noite, o salgueiro é negro...
Com o vento meneando,
Parecem filas de frades,
Todos em coro rezando.

Ó frade, fecha o teu livro,
Vai caminho do teu fim...
Que eu já tenho quem me enterre,
Mais quem me reze latim!

Lindas águas do Mondego,
E os salgueirais a cantar!
Quando a cheia é de tristezas
Ninguém a pode passar!

The moonlight strikes the river;
It has a magic splendor…
There's no bride's veil like it,
Nor shroud superior!

Lovely river sands!
One after the other flee.
Oh, how can anyone sleep!
They go directly to the sea…

Whoever's failed at love,
Goes begging in rags for a bite,
The water offers a gentle bed.
They'll sleep dressed in moonlight!

At night the willows are black…
With the wind they're swaying.
They look like rows of monks,
All of them in chorus praying.

Oh monk, close your book,
Follow the road to ruin…
Someone else will bury me.
He even prays in Latin!

Lovely waters of the Mondego,
And the willows singing!
When the flood brims with sorrow
Nobody will be crossing!

Lamento

Um dilúvio de luz cai da montanha:
Eis o dia! Eis o sol! O esposo amado!
Onde há por toda a terra um só cuidado
Que não dissipe luz que o mundo banha?

Flor a custo medrada em erma penha,
Revolto mar ou golfo congelado,
Aonde há ser de Deus tão olvidado
Para quem paz e alívio o céu não tenha?

Deus é Pai? Pai de toda a criatura:
E a todo o ser o seu amor assiste:
De seus filhos o mal sempre é lembrado...

Ah! se Deus a seus filhos dá ventura
Nesta hora santa... e eu só posso ser triste...
Serei filho, mas filho abandonado!

Lament

From off the peaks a flood of light is hurled:
Look! The day. Look! The belovèd sun!
Is there a single care or apprehension
To dispel this light that bathes the world?

Flower's costly thriving atop some height,
Tossed sea or gulf all frozen,
Where is the child of God so forgotten
That the sky would offer no peace, no respite?

Is God not father? Father of every creature:
And does his love not watch over all:
His children's suffering never forgotten…

Ah! if God brings his children rapture
In this holy hour… and I can only be dismal…
I'll still be his son, but his son forsaken!

Tormento do ideal

Conheci a beleza que não morre
E fiquei triste. Como quem da serra
Mais alta que haja, olhando aos pés a terra
E o mar, vê tudo, a maior nau ou torre,

Minguar, fundir-se, sob a luz que jorre;
Assim eu vi o mundo e o que ele encerra
Perder a cor, bem como a nuvem que erra
Ao pôr do sol e sobre o mar discorre.

Pedindo à forma, em vão, a ideia pura,
Tropeço, em sombras, na matéria dura,
E encontro a imperfeição de quanto existe.

Recebi o baptismo dos poetas,
E, assentado entre as formas incompletas,
Para sempre fiquei pálido e triste.

Torment of the Ideal

I knew the beauty that doesn't die
And I was sad. As one looking down
From the highest range at a town
And the sea, sees beneath the sky

Ship and tower shrunk and fused in light
Pouring forth... I saw the world and all
It holds blanch like a cloud that begins to stall
And break up over the sea at twilight.

Asking form, in vain, for the pure ideal,
I trip in the dark over hard material,
Stumble on the flaw of all that exists.

I received the poet's lustration,
And, amidst the total incompletion
Of forms, I remain forever... pallid, *triste*.

Antero de Quental

Aspiração

Meus dias vão correndo vagarosos
Sem prazer e sem dor, e até parece
Que o foco interior já desfalece
E vacila em raios duvidosos.

É bela a vida e os anos são formosos,
E nunca ao peito amante o amor falece...
Mas, se a beleza aqui nos aparece,
Logo outra lembra de mais puros gozos.

Minh'alma, ó Deus! a outros céus aspira:
Se um momento a prendeu mortal beleza,
É pela eterna pátria que suspira...

Porém, do pressentir dá-me a certeza,
Dá-ma! e sereno, embora a dor me fira,
Eu sempre bendirei esta tristeza!

Aspiration

How languidly they run on, my days,
Neither in gladness, nor in pain.
And inner focus is on the wane
And vacillates in broken rays.

Life is beautiful and pleasant are years,
And love never dies in the loving breast...
But if one beauty appears, another will attest
Sooner than not... to even purer pleasures.

My soul, o God, to other heavens aspires:
If for a moment it was held by fleeting loveliness,
It's for this eternal homeland it suspires...

Yet some inkling gives me sureness.
It does! and serene, though the pain injures,
I'll always bless this tristesse!

Desesperança

Vai-te na asa negra da desgraça,
Pensamento de amor, sombra duma hora,
Que abracei com delírio, vai-te embora,
Como nuvem que o vento impele... e passa.

Que arrojemos de nós quem mais se abraça,
Com mais ânsia, à nossa alma! e quem devora!
Dessa alma o sangue, com que mais vigora,
Como amigo comungue à mesma taça!

Que seja sonho apenas a esperança,
Enquanto a dor eternamente assiste,
E só engane nunca a desventura!

Se em silêncio sofrer fora vingança!...
Envolve-te em ti mesma, ó alma triste,
Talvez sem esperança haja ventura!

Desperation

Go you, on the black wing of calamity,
Thoughts of love, an hour's shadow,
Which I—crazed—clutched close, go,
Like a cloud the wind impels… and flee.

Let us throw off those who too much envelop
Our soul with excess zeal and who devour
The blood, by which it gets its power,
As a friend, partake in that same cup!

Let hope be nothing but imagination,
While pain looks on in perpetuity,
And never ever try to fool misfortune!

If suffering in silence is retribution!…
Enfold yourself—my soul—within yourself in pity,
Perhaps in hopelessness is fortune!

Sonho oriental

Sonho-me às vezes rei, nalguma ilha,
Muito longe, nos mares do Oriente,
Onde a noite é balsâmica e fulgente
E a lua cheia sobre águas brilha...

O aroma da magnólia e da baunilha
Paira no ar diáfano e dormente...
Lambe a orla dos bosques, vagamente,
O mar com finas ondas de escumilha...

E enquanto eu na varanda de marfim
Me encosto, absorto num cismar sem fim,
Tu, meu amor, divagas ao luar,

Do profundo jardim pelas clareiras,
Ou descansas debaixo das palmeiras,
Tendo aos pés um leão familiar.

Oriental Dream

At times I dream I'm King, on some atoll,
Faraway, in the oceans of the Orient,
Where night is balsamic and fulgent
And over the waters the moon shines full…

Scents of magnolia and vanilla pause
In the lazy diaphanous air…
The sea laps vaguely at the forested shore
With its slender waves of gauze…

And against the ivory balustrade,
While I leaned back and endlessly weighed
My thoughts, you my love wandered moonlit

From deep in the garden through the glade,
Or beneath the palm trees laid
With a pet lion at your feet.

Idílio

Quando nós vamos ambos, de mãos dadas,
Colher nos vales lírios e boninas,
E galgamos dum fôlego as colinas
Dos rocios da noite inda orvalhadas;

Ou, vendo o mar, das ermas cumeadas,
Contemplamos as nuvens vespertinas,
Que parecem fantásticas ruínas
Ao longe, no horizonte, amontoadas:

Quantas vezes, de súbito, emudeces!
Não sei que luz no teu olhar flutua;
Sinto tremer-te a mão, e empalideces...

O vento e o mar murmuram orações,
E a poesia das coisas se insinua
Lenta e amorosa em nossos corações.

Idyll

When we go, hand in hand, us two,
Gathering daisies and lilies in the dell,
And in one breath shoot up the hill,
Still dripping with night dew;

Or, gazing from empty ranges at ocean blue,
Pondering the clouds at nightfall,
That seem like ruins, fanciful,
Across horizon's high-built milieu:

How often, all at once, you go speechless!
I don't know what light flutters in your stare;
Your hand trembles, and you go bloodless…

The wind and the sea murmur a prayer,
There's no poetry but in things.
Slowly and lovingly our heart rings.

Nocturno

Espírito que passas, quando o vento
Adormece no mar e surge a lua,
Filho esquivo da noite que flutua,
Tu só entendes bem o meu tormento...

Como um canto longínquo — triste e lento —
Que voga e subtilmente se insinua,
Sobre o meu coração, que tumultua,
Tu vertes pouco a pouco o esquecimento...

A ti confio o sonho que me leva
Um instinto de luz, rompendo a treva,
Buscando, entre visões, o eterno Bem.

E tu entendes o meu mal sem nome,
A febre de Ideal, que me consome,
Tu só, Génio da Noite, e mais ninguém!

Nocturnal

Spirit that passes when the breeze
Sleeps at sea as the moon starts to wax,
You—coy son of the night in flux—
Only you know well my terrible unease…

Like some far off singing that rows—
Sad and slow—and inwardly grows,
Delicately over my heart in throes,
Drop by drop your Lethe overflows…

I trust in you, my dream, you instill
Some sentiment of darkness-rending light,
Sorting through visions for the eternal Good.

And you discern my nameless evil,
The thirst for the Ideal, like a blight,
You, Nocturnal Genius: as no one else could!

Despondency

Deixá-la ir, a ave, a quem roubaram
Ninho e filhos e tudo, sem piedade...
Que a leve o ar sem fim da soledade
Onde as asas partidas a levaram...

Deixá-la ir, a vela, que arrojaram
Os tufões pelo mar, na escuridade,
Quando a noite surgiu da imensidade,
Quando os ventos do Sul se levantaram...

Deixá-la ir, a alma lastimosa,
Que perdeu fé e paz e confiança,
À morte queda, à morte silenciosa...

Deixá-la ir, a nota desprendida
Dum canto extremo... e a última esperança...
E a vida... e o amor... deixá-la ir, a vida!

Despondency

That bird, from whom they plundered
the lot, mercilessly: nest, youngster…
Let her go. Let the endless air take her
In its solitude, on her wings all sundered…

Let it go, that sail the gales blew
Across the sea in darkness,
When night rose out of the vastness,
And Southern winds picked up anew…

Let it go, the whining soul.
It's lost all faith and peace and trust
Unto death fallen, into its silent hole…

Let it go, let the loosed note flow
from the far-flung song… hope's last…
And life… and love… let life go!

O inconsciente

O espectro familiar que anda comigo,
Sem que pudesse ainda ver-lhe o rosto,
Que umas vezes encaro com desgosto
E outras muitas ansioso espreito e sigo,

É um espectro mudo, grave, antigo,
Que parece a conversas mal disposto...
Ante esse vulto, ascético e composto,
Mil vezes abro a boca... e nada digo.

Só uma vez ousei interrogá-lo
— «Quem és (lhe perguntei com grande abalo),
Fantasma a quem odeio e a quem amo?»

— «Teus irmãos (respondeu), os vãos humanos,
Chamam-me Deus, há mais de dez mil anos...
Mas eu por mim não sei como me chamo...»

The Unconscious One

The familiar ghost always beside me,
Whose face I can't even see,
On whom sometimes I heap contumely
But follow eagerly and watch secretly,

Is serious and mute, a walking antiquity,
Who, when we converse, seems ornery…
Facing such a figure, ascetic and stuffy,
Whenever I try to speak… I have nothing to say.

I dared to ask on just one occasion
—"Who are you (I blurted out in great commotion),
Ghost at whom, with loving devotion, I'm appalled?"

—"Your brothers (he said), vain humanity,
They've called me God for all eternity…
But I have no idea what I'm called…"

Mors-Amor

A Luís de Magalhães

Esse negro corcel, cujas passadas
Escuto em sonhos, quando a sombra desce,
E, passando a galope, me aparece
Da noite nas fantásticas estradas,

Donde vem ele? Que regiões sagradas
E terríveis cruzou, que assim parece
Tenebroso e sublime, e lhe estremece
Não sei que horror nas crinas agitadas?

Um cavaleiro de expressão potente,
Formidável, mas plácido, no porte,
Vestido de armadura reluzente,

Cavalga a fera estranha sem temor:
E o corcel negro diz «Eu sou a Morte!»
Responde o cavaleiro «Eu sou o Amor!»

Mors-Amor

For Luís de Magalhães

This black steed, whose gait
I hear in dreams when shadows flit,
And as it gallops past, I see it
In the chimerical streets at night:

Where's it from? What sacred and terrible
Regions did it cross, which makes it seem
So dark and sublime, and its jumpy mane
Twitch from something truly horrible?

A knight with a powerful mien,
Huge in stature, but placid in carriage,
Dressed in armor as bright as light,

Mounts the beast, steadfast and serene:
"I am death," the black steed alleges.
"I am love," responds the knight.

Nox

A Fernando Leal

Noite, vão para ti meus pensamentos,
Quando olho e vejo, à luz cruel do dia,
Tanto estéril lutar, tanta agonia
E inúteis tantos ásperos tormentos...

Tu, ao menos, abafas os lamentos,
Que se exalam da trágica enxovia...
O eterno Mal, que ruge e desvaria,
Em ti descansa e esquece, alguns momentos...

Oh! antes tu também adormecesses
Por uma vez, e eterna, inalterável,
Caindo sobre o mundo, te esquecesses.

E ele, o mundo, sem mais lutar nem ver,
Dormisse no teu seio inviolável,
Noite sem termo, noite do Não-ser!

Nox

For Fernando Leal

Night, my thoughts to you are bent.
I look and see, by cruel daylight,
The agony of the sterile plight,
Such useless and bitter torment...

You at least stifle such lament,
Which breathes from the dungeon blight...
The eternal evil that roars with fight,
Calms with you and forgets, for a moment...

Oh! How I wish you too started sleeping,
Now, and forever, inalterable,
Falling over the world, forgetting.

And the world, far from fighting or seeing,
Would sleep on your breast inviolable,
Night without end, night of non-being!

Oceano Nox

A A. de Azevedo Castelo Branco

Junto do mar, que erguia gravemente
A trágica voz rouca, enquanto o vento
Passava como o voo dum pensamento
Que busca e hesita, inquieto e intermitente,

Junto do mar sentei-me tristemente,
Olhando o céu pesado e nevoento,
E interroguei, cismando, esse lamento
Que saía das coisas, vagamente...

Que inquieto desejo vos tortura,
Seres elementares, força obscura?
Em volta de que ideia gravitais?

Mas na imensa extensão, onde se esconde
O Inconsciente imortal, só me responde
Um bramido, um queixume, e nada mais.

Oceano Nox

For A. de Azevedo Castelo Branco

By the sea, that gravely raised
It's tragic, hoarse voice, as the wind lurched
Like the flight of thought that searched
Then hesitated, intermittent, crazed,

By the sea I sat down sadly,
Looking at the heavy fogged sky,
And pondering, questioned why
This lament rose from things, vaguely…

What restless desire would torture
Elementary beings, what force obscure?
Around what idea do you pulse?

But from where the immortal
Unconscious hides in its sweep, just a dull
bellowing complaint responds, nothing else.

Hino da Manhã

Tu, casta e alegre luz da madrugada,
Sobe, cresce no céu, pura e vibrante,
E enche de força o coração triunfante
Dos que ainda esperam, luz imaculada!

Mas a mim pões-me tu tristeza imensa
No desolado coração. Mais quero
A noite negra, irmã do desespero,
A noite solitária, imóvel, densa,

O vácuo mudo, onde astro não palpita,
Nem ave canta, nem susurra o vento,
E adormece o próprio pensamento,
Do que a luz matinal... a luz bendita!

Porque a noite é a imagem do Não-Ser,
Imagem do repouso inalterável
E do esquecimento inviolável,
Que anseia o mundo, farto de sofrer...

Porque nas trevas sonda, fixo e absorto,
O nada universal o pensamento,
E despreza o viver e o seu tormento.
E olvida, como quem está morto...

Morning Hymn

You, light of dawn, chaste and serene,
Rise, swell in the sky, pure and vibrant,
And fill with strength the triumphant
Hearts of the hopeful with light pristine!

But me, you leave me utterly downtrodden
In my desolate heart. I more care
For the black night, sister of despair,
The solitary night, unmovable, leaden,

For the mute void, where no stars nest,
No mutter of the wind, or bird to cheep,
Where thought itself drifts off to sleep,
Than for you, light of morning blessed!

Because night is the image of Non-Being,
Image of unalterable restfulness
And inviolable forgetfulness,
That the world longs for, sick of suffering…

Because in darkness thought will focus,
Plumb the universal void, and in contempt
Hold living and its torment,
Like one already dead… oblivious…

E, interrogando intrépido o Destino,
Como réu o renega e o condena,
E virando-se, fita em paz serena
O vácuo augusto, plácido e divino...

Porque a noite é a imagem da Verdade,
Que está além das coisas transitórias.
Das paixões e das formas ilusórias,
Onde somente há dor e falsidade...

Mas tu, radiante luz, luz gloriosa,
De que és símbolo tu? do eterno engano,
Que envolve o mundo e o coração humano
Em rede de mil malhas, misteriosa!

Símbolo, sim, da universal traição,
Duma promessa sempre renovada
E sempre e eternamente perjurada,
Tu, mãe da Vida e mãe da Ilusão...

Outros estendam para ti as mãos,
Suplicantes, com fé, com esperança...
Ponham outros seu bem, sua confiança
Nas promessas e a luz dos dias vãos...

Eu não! Ao ver-te, penso: Que agonia
E que tortura ainda não provada
Hoje me ensinará esta alvorada?
E digo: Porque nasce mais um dia?

And, intrepidly interrogating Destiny,
Like a defendant denying and condemning it,
Then turning to gaze in peace and quiet
Into the august nullity, placid and heavenly…

Because night is the image of Veracity,
Beyond all that is transitory.
Beyond passion and all forms illusory,
Where there is only pain and mendacity…

But you, radiant light, glorious
Symbol of what? of incessant false art
That wraps the world, the human heart,
In a net of a thousand stiches – mysterious!

Symbol, yes, of universal treason,
Of a promise relentlessly wagered
And always and eternally perjured,
You, mother of Life and mother of Illusion…

Others reach out their hands to you, raise
Their pleas in faith and hopefulness…
Others vest their best in you, their confidence
In promises and the light of vain days…

Not me! Seeing you, I think: What agony
And torture in which I've yet to partake
Will you teach me today at daybreak?
And ask: *Why is it even born, this new day?*

Antes tu nunca fosses, luz formosa!
Antes nunca existisses! e o Universo
Ficasse inerte e eternamente imerso
Do possível na névoa duvidosa!

O que trazes ao mundo em cada aurora?
O sentimento só, só a consciência,
Duma eterna, incurável impotência,
Do insaciável desejo, que o devora!

De que são feitos os mais belos dias?
De combates, de queixas, de terrores!
De que são feitos? de ilusões, de dores,
De misérias, de mágoas, de agonias!

O sol, inexorável semeador,
Sem jamais se cansar, percorre o espaço,
E em borbotões lhe jorram do regaço
As sementes inúmeras da Dor!

Oh! como cresce, sob a luz ardente,
A seara maldita! como freme
Sob os ventos da vida e como geme
Num susurro monotóno e plangente!

E cresce e alastra, em ondas voluptuosas,
Em ondas de cruel fecundidade,
Com a força e a subtil tenacidade
Invencível das plantas venenosas!

Would that you'd never been, beguiling blaze!
That you'd never existed! the Universe
Still inert and forever immersed
In the possible, in the doubtful haze!

What do you bring to the world each dawn new lit?
The feeling only, only the awareness,
Of eternal, incurable impotence,
Of the insatiable desire that devours it!

Of what are they made these marvelous days?
Of combat, of complaint, of terror!
Of what are they made? of illusions, of horror,
Of misery and hurt and agonies!

The sun, inexorable sower,
Tirelessly traverses heavens,
And from its lap fountains
Innumerable seeds of torture!

Oh, how it grows, beneath the burning
Light, the horrible field of corn! Trembles
In the winds of life and how it grumbles,
Its monotonous and plangent murmuring!

And it grows in voluptuous waves, and spreads,
In waves of cruel fecundity,
With the forceful and subtle tenacity
Of invincible mephitic weeds!

De podridões antigas se alimenta,
Da antiga podridão do chão fatal...
Uma fragrância mórbida, mortal
Lhe ressuma da seiva peçonhenta...

E é esse aroma lânguido e profundo,
Feito de seduções vagas, magnéticas,
De ardor carnal e de atracções poéticas,
É esse aroma que envenena o mundo!

Como um clarim soando pelos montes,
A aurora acorda, plácida e inflexível,
As misérias da terra: e a hoste horrível,
Enchendo de clamor os horizontes.

Torva, cega, colérica, faminta,
Surge mais uma vez e arma-se à pressa
Para o bruto combate, que não cessa,
Onde é vencida sempre e nunca extinta!

Quantos erguem nesta hora, com esforço,
Para a luz matinal as armas novas,
Pedindo a luta e as formidáveis provas,
Alegres e cruéis e sem remorso,

Que esta tarde há-de ver, no duro chão
Caídos e sangrentos, vomitando
Contra o céu, com o sangue miserando,
Uma extrema e importante imprecação!

On ancient petrifaction it feeds
From the ancient rot of fatal soil...
A morbid fragrance, mortal,
From venomous sap bleeds...

And it's this aroma, deep and torpid,
Of vague, magnetic seductions,
Of carnal heat and poetic attractions,
It's this aroma that poisons the world!

Like a bugle echoing through mountains,
Daybreak, placid and refractory,
Wakes earth's miseries: its horrible soldiery,
Fills with noise the horizons.

Fractious, blind, choleric, famished,
It abruptly appears, rushes to defend
Itself, in a brutal war that will never end.
It's vanquished but never finished!

How many raise, with great force,
New weapons into that morning light,
Asking for the splendid tests, for a fight,
Happy, cruel and without remorse,

So, by afternoon, on the hard ground fallen,
You'll see them, bloodied, and vomiting
Into the sky—a miserable blood-letting—
Their terminal and arrogant imprecation!

Quantos também, de pé, mas esquecidos,
Há-de a noite encontrar, sós e encostados
A algum marco, chorando aniquilados
As lágrimas caladas dos vencidos!

E porquê? para quê? Para que os chamas,
Serena luz, ó luz inexorável,
À vida incerta e à luta inexpiável,
Com as falsas visões, com que os inflamas?

Para serem o brinco dum só dia
Na mão indiferente do Destino...
Clarão de fogo-fátuo repentino,
Cruzando entre o nascer e a agonia...

Para serem, no páramo enfadonho,
À luz de astros malignos e enganosos,
Como um bando de espectros lastimosos,
Como sombras correndo atrás dum sonho...

Oh! não! luz gloriosa e triunfante!
Sacode embora o encanto e as seduções,
Sobre mim, do teu manto de ilusões:
A meus olhos, és triste e vacilante...

A meus olhos, és baça e lutuosa
E amarga ao coração, ó luz do dia,
Como tocha esquecida que alumia
Vagamente uma cripta monstruosa...

And many too still standing, but forgotten...
By night you'll find them, alone and leaning
Against some cairn, ruined, whimpering
The choked tears of the beaten!

And why? For what? Why summon them,
Serene light, oh light inexorable,
To an uncertain life, an implacable struggle,
With the false visions you use to inflame them?

To be a thing of beauty for a day only
In Destiny's indifferent grasp...
The sudden flare of the will-o'-the-whisp
Flitting between birth and the agony...

To be like a band of sniveling
Specters on the tedious heath,
Like dream-chasing shadows beneath
The stars, malignant and lying...

Ah! No! light, glorious and great!
From your cloak of illusions,
Rain down your charms and seductions:
I think you're sad, and you equivocate...

I think you're tarnished and mournful
And bitter of heart, oh light of day,
Like some forgotten torch, you play
Dimly about a sunken, monstrous chapel...

Surges em vão, e em vão, por toda a parte,
Me envolves, me penetras, com amor...
Causas-me espanto a mim, causas-me horror,
E não te posso amar — não quero amar-te!

Símbolo da Mentira universal,
Da aparência das coisas fugitivas,
Que esconde, nas moventes perspectivas,
Sob o eterno sorriso, o eterno Mal,

Símbolo da Ilusão, que do infinito
Fez surgir o Universo, já marcado
Para a dor, para o mal, para o pecado,
Símbolo da existência, sê maldito!

You come up in vain, and in vain… wherever,
Wrap me up, pierce me adoringly…
You amaze me and horrify me,
And I can't love you—I don't want to… ever!

Symbol of the Lie, universal,
Of that look of everything fleeting,
Hidden in perspectives shifting,
Behind the eternal smile, the eternal Evil,

Symbol of Illusion, from whence
The infinite begat the Universe,
Marked for pain, for sin and for the curse…
Damn you, symbol of existence!

Camilo Pessanha
1867–1926

Camilo de Almeida Pessanha was born in Coimbra and later studied Law there. He began his working life as Royal Prosecutor in Mirandela in northeastern Portugal, and then as a lawyer in Óbidos, moving, in 1894, to Macau, where he would teach Elementary Philosophy in the Macau High School. In 1900 he gave up his teacher's life and became a registrar in the Land Registration Office of Macau and, following that, district judge. He visited Portugal on a number of occasions between 1894 and 1915 for health reasons. There he met Fernando Pessoa and Mário Sá-Carneiro, who were great admirers of his poetry. Throughout his life he would see his poems published in magazines and newspapers. However, the only book of poems to be published—*Clepsydra* (1920)—was issued late under the auspices of the writer Ana de Castro Osório, and newly issued in 1945, 1954 and 1969, with new poems compiled by João de Castro Osório, Ana's son. Pessanha died in 1926 and his death was attributed to tuberculosis complicated by his consumption of opium. He is buried in Macau. Pessanha—close to symbolist trends and touched by the shadows of Baudelaire, Verlaine and Mallarmé—would nevertheless have a decisive influence on Portuguese modernism of the 20th century, profoundly marking Portuguese poetry of this period, a fact which also shows us how symbolism, so-called, became one of the entranceways to modernist poetry. He not only influenced Pessoa and Sá-Carneiro, but also poets like Eugénio de Andrade and Gastão Cruz in the second half of the century.

E EIS QUANTO RESTA DO IDÍLIO ACABADO,
— Primavera que durou um momento...
Como vão longe as manhãs do convento!
— Do alegre conventinho abandonado...

Tudo acabou... Anémonas, hidrângeas,
Silindras, — flores tão nossas amigas!
No claustro agora viçam as ortigas,
Rojam-se cobras pelas velhas lájeas.

Sobre a inscrição do teu nome delido!
— Que os meus olhos mal podem soletrar,
Cansados... E o aroma fenecido

Que se evola do teu nome vulgar!
Enobreceu-o a quietação do olvido,
Ó doce, ingénua, inscrição tumular.

  AND THIS IS WHAT'S LEFT OF THE FINISHED IDYLL,
—A spring that was just a moment long…
Convent mornings so far gone!
—From the cheerful, abandoned chapel…

  Anemones, hydrangeas… It's all over…
Dogwood,—flowers are such friends!
Now in the cloister where nettle wends,
Snakes slide over old pavers.

  Above your carved name effaced!
—That my eyes can hardly spell,
Tired… and the smell of what's erased

  From your common name would well!
By the hush of oblivion graced,
Oh headstone legend—naïve, ambrosial.

A Abel Aníbal de Azevedo

 Passou o Outono já, já torna o frio...
— Outono de seu riso magoado.
Álgido Inverno! Oblíquo o sol, gelado...
— O sol, e as águas límpidas do rio.

 Águas claras do rio! Águas do rio,
Fugindo sob o meu olhar cansado,
Para onde me levais meu vão cuidado?
Aonde vais, meu coração vazio?

 Ficai, cabelos dela, flutuando,
E, debaixo das águas fugidias,
Os seus olhos abertos cismando...

 Onde ides a correr, melancolias?
— E, refractadas, longamente ondeando,
As suas mãos translúcidas e frias...

For Abel Aníbal de Azevedo

    Autumn's gone by now, it's turning frigid...
—Autumn of the hurt laughter.
Oblique sun, gelid... Glacial winter...
—The sun, the river water, limpid.

    Clear river water! Water of the river,
Fleeing beneath my tired stare,
Where are you taking me my hollow care?
My empty heart, you're headed where?

    Stay, her hair, floating,
And beneath the water fleeting,
Her open eyes pondering...

    Melancholies, where are you running?
—And refracted, elongated, rippling,
Her hands translucent and freezing...

FLORIRAM POR ENGANO AS ROSAS BRAVAS
No Inverno: veio o vento desfolhá-las...
Em que cismas, meu bem? Porque me calas
As vozes com que há pouco me enganavas?

Castelos doidos! Tão cedo caístes!...
Onde vamos, alheio o pensamento,
De mãos dadas? Teus olhos, que num momento
Perscrutaram nos meus, como vão tristes!

E sobre nós cai nupcial a neve,
Surda, em triunfo, pétalas, de leve
Juncando o chão, na acrópole de gelos...

Em redor do teu vulto é como um véu!
Quem as esparze — quanta flor! — do céu,
Sobre nós dois, sobre os nossos cabelos?

      THE WILD ROSES WERE TRICKED INTO BLOOM
This winter. They got depetaled in the gust…
Why worry dear? Why have you hushed
the voices you tricked me with so soon?

      Lunatic castles! So soon fallen!…
Where are we going, far from thought,
Hand in hand? Your eyes—caught
Briefly scrutinizing mine—sadden!

      And over us falls a nuptial snow,
Deaf, in triumph, petals lightly blow
And scatter in an acropolis of ice…

      Around your semblance they're like a veil!
—so many flowers!—who sets them sail
Above our hair, over the two of us?

QUEM POLUIU, QUEM RASGOU OS MEUS LENÇÓIS DE LINHO,
Onde esperei morrer, — meus tão castos lençóis?
Do meu jardim exíguo os altos girassóis
Quem foi que os arrancou e lançou ao caminho?

Quem quebrou (que furor cruel e simiesco!)
A mesa de eu cear, — tábua tosca, de pinho?
E me espalhou a lenha? E me entornou o vinho?
— Da minha vinha o vinho acidulado e fresco...

Ó minha pobre mãe!... Não te ergas mais da cova.
Olha a noite, olha o vento. Em ruína a casa nova...
Dos meus ossos o lume a extinguir-se breve.

Não venhas mais ao lar. Não vagabundes mais,
Alma da minha mãe... Não andes mais à neve,
De noite a mendigar às portas dos casais.

> WHO STAINED... WHO TORE MY BEDCLOTHES OF LINEN,

Where I hoped to die,—my chaste bedclothes?
Who pulled them up and threw them on the paths,
Those upstretched sunflowers from my exiguous garden?

> Who broke (such cruel and simian furor!)

My supper table,—a rough board, of pine?
And left firewood strewn? And spilled my wine?
—From my own vine, wine so chilled and sour...

> Oh my poor mother!... Stay put in your tomb.

Look at the night, look at the wind. The new house in ruin...
From my bones the fire will be extinguished soon.

> Don't come home. Don't go vagabonding anymore,

Mother-soul... Don't go walking in the snow,
Or begging by night at village doors.

A Aires de Castro e Almeida

Quando voltei encontrei os meus passos
Ainda frescos sobre a húmida areia.
A fugitiva hora, reevoquei-a,
— Tão rediviva!, nos meus olhos baços...

Olhos turvos de lágrimas contidas.
Mesquinhos passos, porque doidejastes
Assim transviados, e depois tornastes
Ao ponto das primeiras despedidas?

Onde fostes sem tino, ao vento vário,
Em redor, como as aves num aviário,
Até que a asita fofa lhes faleça...

Toda essa extensa pista — para quê?
Se há-de vir apagar-vos a maré,
Com as do novo rasto que começa...

For Aires de Castro e Almeida

Turning back I met my own steps, fast
In the humid sand, still freshly set.
The runaway hour—I re-evoked it,
—Brought back to life!, in eyes overcast…

Tears held back in my turbid eyes.
Pitiful steps… why walk
Off and lose yourself, then circle back,
Back to the point of first goodbyes?

Where in the wind did you tarry,
like birds in an aviary,
flying in circles on little broken wings…

Such a long trail—but what for?
The tide will wipe you from the shore,
With the tears of new beginnings…

A João Jardim

Imagens que passais pela retina
Dos meus olhos, porque não vos fixais?
Que passais como a água cristalina
Por uma fonte para nunca mais!...

Ou para o lago escuro onde termina
Vosso curso, silente de juncais,
E o vago medo angustioso domina,
— Porque ides sem mim, não me levais?

Sem vós o que são os meus olhos abertos?
— O espelho inútil, meus olhos pagãos!
Aridez de sucessivos desertos...

Fica sequer, sombra das minhas mãos,
Flexão casual de meus dedos incertos,
— Estranha sombra em movimentos vãos.

For João Jardim

    IMAGES FROM MY RETINA WANDER
Out from my eyes, why not linger?
You pass like crystalline water
From a wellspring into nevermore!…

    Or flow into dark lake water,
End silently in the reeds, and the empty
Agonizing fear that will overpower,
—Why go without me, why not take me?

    Without you what are my open eyes?
—Useless mirror, my eyes are pagan!
Beyond one arid desert, another lies…

    Stay, at least, shadow of my hands,
Blithe bending of my fingers ill at ease,
—Strange shadow making empty demands.

Vida

    Choveu! e logo da terra humosa
Irrompe o campo das liliáceas.
Foi bem fecunda, a estação pluviosa!
Que vigor no campo das liliáceas!

    Calquem. Recalquem, não o afogam.
Deixem. Não calquem. Que tudo invadam.
Não as extinguem. Porque as degradam?
Para que as calcam? Não as afogam.

    Olhem o fogo que anda na serra.
É a queimada… Que lumaréu!
Podem calcá-lo, deitar-lhe terra,
Que não apagam o lumaréu.

    Deixem! Não calquem! Deixem arder.
Se aqui o pisam, rebenta além.
— E se arde tudo? — Isso que tem?
Deitam-lhe fogo, é para arder…

Life

      It rained! and then the humusy field
Broke into a field of lilies.
The rainy season's flowerful yield!
What vigor in the field of lilies!

      Stomp. stomp, stomp, and it won't go out.
Let it be. Stop stomping. Let the invasion begin.
They don't extinguish them. Why demean them?
Why stomp on them? They won't go out.

      Look at the hills all burnt.
It's the swailing… What a burn off!
You could flatten it, lay it over with dirt.
That wouldn't even stop the burn off.

      Don't do anything! Stop stomping. Let
It burn. Stomp it here, it bursts out over there.
—And what if it all burns?—That's what you get!
They started it. It'll burn its share…

Camilo Pessanha

Ao longe os barcos de flores

A Ovídio de Alpoim

Só, incessante, um som de flauta chora,
Viúva, grácil, na escuridão tranquila,
— Perdida voz que de entre as mais se exila,
— Festões de som dissimulando a hora.

Na orgia, ao longe, que em clarões cintila
E os lábios, branca, do carmim desflora...
Só, incessante, um som de flauta chora,
Viúva, grácil, na escurdião tranquila.

E a orquestra? E os beijos? Tudo a noite, fora,
Cauta, detém. Só modulada trila
A flauta flébil... Quem há-de remi-la?
Quem sabe a dor que sem razão deplora?

Só, incessante, um som de fauta chora...

In the distance the flower boats

For Ovídio de Alpoim

    Alone, the cry of the flute is incessant,
Widowed, gracile, in the tranquil darkness,
—Lost voice self-exiled from the rest,
—Sound festoons dissimulating time-sense.

    From the orgy, far off, flashes incandesce
And the lips, white, of deflowered pigment…
Alone, the cry of the flute is incessant,
Widowed, gracile, in the tranquil darkness.

    The orchestra? The kisses? The night distant,
Prudent, detains. Only the modulated trill
Of the fragile flute…Who will make it still?
Who knows what pain it needlessly laments?

Alone, the cry of the flute is incessant…

Viola Chinesa

A Wenceslau de Moraes

Ao longo da viola morosa
Vai adormecendo a parlenda
Sem que amadornado eu atenda
A lengalenga fastidiosa.

Sem que o meu coração se prenda,
Enquanto, nasal, minuciosa,
Ao longo da viola morosa,
Vai adormecendo a parlenda.

Mas que cicatriz melindrosa
Há nele, que essa viola ofenda
E faz que as asitas distenda
Numa agitação dolorosa?

Ao longo da viola, morosa...

Moon Lute

For Wenceslau de Moraes

All through the sluggish moon lute
The gibberish is falling asleep,
Sinking somnolently, I don't steep
Myself in the fastidious dispute.

Without my heart missing a beat,
While, nasal, minute,
All through the sluggish moon lute,
The gibberish is falling asleep.

But what delicate scarring
Therein, does this lute offend
And make little wings distend
In painful fluttering?

All through the sluggish moon lute…

Ó CORES VIRTUAIS QUE JAZEIS SUBTERRÂNEAS,
— Fulgurações azuis, vermelhos de hemoptise,
Represados clarões, cromáticas vesânias —,
No limbo onde esperais a luz que vos baptize,

As pálpebras cerrai, ansiosas não veleis.

Abortos que pendeis as frontes cor de cidra,
Tão graves de cismar, nos bocais dos museus,
E escutando o correr da água na clepsidra,
Vagamente sorris, resignados e ateus,

Cessai de cogitar, o abismo não sondeis.

Gemebundo arrulhar dos sonhos não sonhados,
Que toda a noite errais, doces almas penando,
E as asas lacerais na aresta dos telhados,
E no vento expirais em um queixume brando,

Adormecei. Não suspireis. Não respireis.

    You, virtual colors that lie subterranean,
—Fulguration's blue, red of hemoptysis,
Hindered flares, chromatics of psychosis—
In limbo, awaiting the light that will christen,

Close your eyelids, drop your tense vigil.

    Aberrations, your brows slant brown as cider
At the throats of specimen jars, gravid thoughts twist,
Attending the clepsydra's trickle of water,
Smiling somewhat, resigned and atheist,

Stop cogitating, don't plumb the void.

    Plaintive cooing of undreamt dreams,
Wandering all night long, sweet suffering souls,
Lacerating wings against the ridge tiles,
And exhaling in the wind your mild qualms,

Fall asleep. Don't sigh. Don't breathe.

Fernando Assis Pacheco
1937–1995

Fernando Assis Pacheco was born in Coimbra. He took a degree in Germanic Philology at the city's university. As a student, he acted in the theatre and worked as an editor for the magazine *Vértice*. In 1961 he entered military service and was later mobilized and sent to Angola where he remained until 1965. He published *Cuidar dos Vivos* (*Caring for the Living*) in 1963 and, in 1972, *Câu Kiên: Um Resumo* (*Câu Kiên: A Summary*), the latter of which would be republished in its definitive version in 1976 under the title of *Katalabanza, Kilolo e Volta* (*Katalabanza, Kilolo and Return*). Assis Pacheco's importance for 20th century Portuguese poetry can also be seen in light of the fact that he is one of the poets who best described the experience of war and, in particular, the Portuguese Colonial War (1961–1974). In 1980 he published *Memória do Contencioso* (*Memory of the Litigation*) and in 1987 *Variações em Sousa* (*Variations in Sousa*), a book that describes his youth in Coimbra. In 1991 he collected his poetry in *A Musa Irregular* (*The Irregular Muse*). The volume *Respiração Assistida* (*Assisted Breathing*) was published posthumously in 2003. He also published fiction: *Walt* in 1978 and *Trabalhos e paixões de Benito Prada* (*The Work and Passions of Benito Prada*) in 1993. He translated Pablo Neruda and Gabriel García Márquez. He worked as a journalist on many important Portuguese newspapers and magazines, among them *Diário de Lisboa*, *República*, *JL*, *O Jornal*, and *Se7e*. He also worked in Portuguese television (RTP). The father of six children, Assis Pacheco died on the doorstep of a Lisbon bookstore.

Eu vi uma noiva sair do automóvel

Ó noiva triste entre as noivas
que saem de casa pela manhã
partidas ao encontro da geada na relva,
noiva melancólica e sem palavras,
como te lamento assim vestida
de muitas folhas secas ao vento.

Sei que vais morta, ferida no coração
por pedras e nevoeiros, por tarântulas.
Pequena caminhas sobre a leve seda
do teu manto, como as aves caminham
nos jardins molhados do Inverno;
sobes degrau a degrau, espada a espada
a tua última, arrebatada vertigem.

Rainha agora, só de quebrados espelhos.
E da ternura exangue com que muda
celebrarás aos deuses malfazejos.
Aqui de longe envio com os olhos
um pequeno adeus, um punhado de terra.

I Saw a Bride Get Out of the Car

Oh sad bride, one of the many brides
who leave home in the morning
having to face the frost covered lawn,
speechless, melancholic bride,
how I grieve for you dressed
in dried, wind-blown leaves.

Walking dead, heart wounded
by stones and fog, by tarantulas, petite,
you step on the light silk of your
cape, like those birds that trip
across wet winter gardens;
you climb step by step, sword to sword
to your last, enraptured swoon.

Queen for now, but of broken mirrors only.
Mute, you'll commemorate the malicious
gods with debilitated tenderness.
From afar, and just with my eyes,
I send a slight adieu, a fistful of dirt.

Poeta no supermercado

1

Indignar-me é o meu signo diário.
Abrir janelas. Caminhar sobre espadas.
Parar a meio de uma página,
erguer-me da cadeira, indignar-me
é o meu signo diário.

Há países em que se espera
que o homem deixe crescer as patas
da frente, e coma erva, e leve
uma canga minhota como os bois.
E há os poetas que perdoam. Desliza
o mundo, sempre estão bem com ele.
Ou não se apercebem: tanta coisa
para olhar em tão pouco tempo,
a vida tão fugaz, e tanta morte…
Mas a comida esbarra contra os dentes,
digo-vos que um dia acabareis tremendo,
teimar, correr, suar, quebrar os vidros
(indignar-me) é o meu signo diário.

Poet at the Supermarket

1

Feeling indignant is the cross I carry daily.
Opening windows. Treading on swords.
Stopping in the middle of a page,
getting up from my chair, feeling indignant
is the cross I carry daily.

There are countries that expect
a man to grow front paws,
graze on grass, and go around yoked
like an ox from the Minho.
And there are poets that forgive. The world
slips, which is okay by them.
Maybe they don't realize: so many things
to see and so little time to see them,
life so fleeting, and death everywhere…
But food bumps into the teeth,
I tell you one day you'll end up trembling,
fearing, running, sweating, breaking windows
(feeling indignant) is the cross I carry daily.

2

Um homem tem que viver.
E tu vê lá não te fiques
— um homem tem que viver
com um pé na Primavera.

Tem que viver
cheio de luz. Saber
um dia com uma saudade burra
dizer adeus a tudo isto.
Um homem (um barco) até ao fim da noite
cantará coisas, irá nadando
por dentro da sua alegria.

Cheio de luz — como um sol.
Beberá na boca da amada.
Fará um filho.
Versos.
Será assaltado pelo mundo.
Caminhará no meio dos desastres,
no meio de mistérios e imprecisões.
Engolirá fogo.

Palavra, um homem tem que ser
prodigioso.
Porque é arriscado ser-se um homem.
É tão difícil, é
(com a precariedade de todos os nomes)
o começo apenas.

2

A man has to live.
And you, see that you don't hold back
—a man has to live
with one foot in spring.

He has to live
full of light. To know
one day full of stupid longing
to say goodbye to all this.
A man (a boat) will sing things
until night's end, will go swimming
inside his own happiness.

Full of light—like a sun.
He will drink from the mouth of his beloved.
He will make a son.
Lines of poetry.
He'll be attacked by the world.
He'll walk through the disaster zones,
in the midst of mysteries and impressions.
He'll swallow fire.

Really: a man has to be
prodigious.
Because its risky to be a man.
It's so difficult, it is
(all names being precarious)
just the beginning.

Monólogo e explicação

Mas não puxei atrás a culatra,
não limpei o óleo do cano,
dizem que a guerra mata: a minha
desfez-me logo à chegada.

Não houve pois cercos, balas
que descrevessem este forçado.
Viram-no à mesa com grandes livros,
com grandes copos, grandes mãos aterradas.

Viram-no mijar à noite nas tábuas
ou nas poucas ervas meio rapadas.
Olhar os morros, como se entendesse
o seu torpor de terra plácida.

Folheando uns papéis que sobraram
lembra-se agora de haver muito frio.
Dizem que a guerra passa: esta minha
passou-me para os ossos e não sai.

Monologue and Explanation

But I never pulled back the breech,
I didn't clean the oil from the barrel,
they say that war kills: mine
undid me as soon as I got there.

So, there weren't any sieges, bullets
that could describe this forced laborer.
They saw him sitting at a table with big books,
with big drinks, big terrified hands.

They saw him pissing against walls
or in sparse half-cut weeds.
Looking at the hillocks, as though
he understood the torpor of placid earth.

Leafing through some old papers
he recalls how very cold it was.
They say that all wars end: mine
sunk into my bones and won't go away.

Diuturnitas externi mali

De sorte que se acendiam na mata
as lâmpadas de bolso dos guerrilheiros
estando eu sentado numa pedra, a 500 metros
do referido local, com uma espécie
de cão tristeza enrolado aos pés,
e a noite: o rumor das estrelas
caindo a prumo na vegetação,
enquanto dos lados de Muxaluando
uma brisa aponta aos lábios secos
e morre devagar
pela garganta abaixo.

Diuturnitas externi mali

And then the guerrillas' flashlights
lit up the bush, and I'm
sitting there on a rock, 500 meters
from said position, with a kind of
sad dog, feet curled at my feet,
and the night: the murmur of the stars
falling with a plumb drop into the vegetation,
while from the outskirts of Muxaluando
a breeze takes aim at my dried lips
and dies a slow death
in my throat.

Morro do Aragão

Encosto a cabeça a um pneu / acendo
o cigarro / passarão anos sobre esta
lembrança entontecida.
Amanhã dormirei? /
foi agora que a morte / o
sono dentro da cabeça /
este pneu sobre a lama.

Luzes de Nambuangongo
ao longe, amanhã estarei
deitado no meu catre.
As cartas enlouquecem / casa, pai!
Foi agora que as luzes. O sono,
o pneu / o cigarro sujo.

Pacheco, OK? A mão pesada
dentro do bolso / o sono
sobre o pneu.
Noite, noite entontecida.

Passarão anos, nascerão filhos
muito antes que eu esqueça.

OK, OK / rio de trevas.

Aragão Hill

I rest my head on a tire / light
a cigarette / years will go by working this
demented memory.
Tomorrow will I sleep? /
it was just now that death / the
dream inside my head /
this tire laying in the mud.

The lights of Nambuangongo
far off, tomorrow I'll be
laying down on my cot.
The letters make you crazy / house, father!
It was just now that the lights. The dream,
the tire / the grungy cigarette.

Pacheco, OK? The heavy hand
in the pocket / the dream
about the tire.
Night, demented night.

Years will go by. Children will be born
long before I forget.

Ok, Ok / river of darkness.

Isso, a Walther

É vivo que me queres — matarás-me
se vivo te disser que me vi morto?
O cano da pistola tenta um vivo.
Assim eu só voltei para contar-te

que entre o vivo e o morto arrefeceu
aquilo que tu chamas céu da boca,
chão da morte no vivo, terrapleno
disposto para a casa duma bala.

Tu vivo me querias? Porém morto
venho de merda, sangue, frio, pó,
que é a vida que fica dessa morte
na pistola aprendida, na pistola.

Cala já. Não perguntes. Tenho medo
que ao som da tua voz acabe a minha.

Yeah, Walther

You want me alive—but will you kill me
if I tell you I saw myself dead?
The barrel of the pistol tempts a live one.
So, I only came back to tell you

between the living and the dead
what you call roof of the mouth has cooled…
that dirt floor of death in the living, flat bit
of ground perfect for a bullet house.

You'd like me alive? But dead
I come from shit, blood, cold, dust,
that's all the life left from this death
in the well-schooled pistol, in the pistol.

Shut up. Don't ask. I'm afraid
the sound of your voice will end mine.

Fernando Assis Pacheco

Olivais, Coimbra

Era de noite e eu pensava
não: era de noite uma outra noite mais antiga do que a narrativa
                                                deixa subentender
não: era de noite agora e na hora e eu que me enrolava pensando
na morte do meu corpo

não: era de noite àquela hora a alegria
das casas funde-se com um estalido cruel
diante do poema não: quando à garganta vai subir
o primeiro poema informe

o pai dormia (uma cidade dormia) não: no meio do Verão
em Coimbra atacado pelo perfume aflitivo das hortênsias ou era
um clic na madeira vendo-se ao longe o Tovim o Picoto luzes
                                                inverosímeis

essa noite é que o miúdo pensava na brevidade de tudo isto

Olivais, Coimbra

It was night and I was thinking
no: it was night on another night older than the narrative lets us infer
No: it was night now and then and I was curled up thinking
about the death of my body

No: it was night at that very hour that the happiness
of houses fuse with a cruel crackling sound
when faced with the poem no: when the first formless poem
rises in the throat

My father slept (the city slept) no: in the middle of Summer
in Coimbra under attack by the harrowing scent of the hortensias or it was
a click in the wood off in the distance seeing the improbable lights of
$$\text{Tovin and Picoto}$$

that was the night the kid was thinking about the brevity of all this

Fernando Assis Pacheco

Louvor do bairro dos Olivais

Não tive nunca nada a ver com as
guitarras estudantes: eu vivia
num lento bairro da periferia
onde a chuva apagava os passos das

pessoas de regresso a suas casas
fazia compras na mercearia
e algum livro mais forte que então lia
já era para mim como um par d'asas

amigos vinham ver-me que eu servia
de ponche ou de Madeira malvasia
para soltar as línguas livremente

um que bramava um outro que dormia
eu abria a janela e só dizia
ao menos estas ruas têm gente

In Praise of the *Bairro dos Olivais*

I never had anything to do with the
students and their guitars: I lived
in a quiet neighborhood on the edge
of the city where rain erased the steps

of people coming home
I'd shop at the grocer's
and whatever powerful book I read
was like a pair of wings

friends came to see me and I gave them
punch or sweet Madeira
to loosen up their tongues

one roared and another slept
I'd open the window and only say
at least there are people in these streets

Fernando Assis Pacheco

Coimbra em formato postal

E então
lá tive numa pasta azul as fitas
de escolar de Letras e não valiam nada
não prestavam pra nada nesse ano de '59
não torciam o pescoço à morrinha herdada de trás
«ai adeus acabaram-se os dias»
cantei tão pouco e só em tom menor

eu ensurdecia nas aulas durante o Inverno
o focinho metido na samarra um vago
olho emergindo como do poço uma rã
tanto sono que dava o Hölderlin em tudesco de mestre!
e às esconsas lia o meu *Qui je fus*

Coimbra tapada pela capa de névoa
um rasto de cegonhas sobre as ínsuas
chegam barcos da lenha de Penacova
limoeiros floridos a quinta
do avô com sardões nos muros de pedra solta

ai adeus formado em Germânicas este rapaz
o que sabe ele da vida este rapaz? coisa nenhuma
chora baba e ranho à menção puizia
e escrevi cartas de amor sempre solenes
e a melancolia é uma doença nefasta

Coimbra in Postcard Format

And finally
trailing from my leather folio the blue
ribbons of the School of Humanities worth nothing
they weren't good for anything that year of '59
they didn't crane their neck to see the sad drizzle from the past
"Goodbye goodbye the days are over"
I sang so little and always in a minor key

I went deaf in classes during the Winter
my snout stuck in my shepherd's jacket a hesitant
eye emerging like a frog from a puddle
Hölderlin in the professor's German put me to sleep!
and in secret I read my *Qui je fus*

Coimbra covered in a cape of mist
a trail of storks over the wetlands
boats full of firewood arriving from Penacova
flowering lemon trees on grandfather's
farm with lizards running up and down the loose stone walls

So it's goodbye for this kid trained in Germanics
what does he know about life this boy? fuck all
tears dribble and snot as soon as someone says poesy
and I wrote love letters always solemn ones
and melancholia is a deadly disease

Fernando Assis Pacheco

eu tinha uma janela no último andar
de onde o Senhor da Serra em tardes claras
e traduzi muito verso pré-romântico para as colegas
'59 confesso não me ensinou nada de nada
belas são as narcejas nos arrozais quando voam sobre um fundo de
                                      sol como o cobre batido

I had a window on the top floor
on clear afternoons I could see the village of Senhor da Serra
and I translated a lot of pre-romantic poems for my classmates
'59 I must admit taught me nothing at all
beautiful are the snipes in the rice paddies when they fly against the
                                        beaten copper backdrop of the sun

Canção do ano 86

Agora quando volto
quando é raro voltar e sempre por um dia
estou à minha espera na ponte de Santa Clara
com um ramo de rosas que levanto
à aproximação do carro
saudando-te caro Fernando Assis Pacheco
filho pródigo destes quintais floridos
quando acontece que volto
que assim volto por pouquíssimo tempo dou comigo
na berma da EN 1 a olhar à esquerda o Vale do Inferno
hoje estragado por um sacana qualquer dum engenheiro
dizendo adeus adeus Fernando Assis Pacheco
menino antigamente sem cuidado

se é que volto intimado pela agenda
do jornal em Condeixa já inquieto espreito
a ver se vens dos lados de Pombal
oitavo duma fila atrás dum camião
coçando a barba gesto bem teu
com que disfarças o nervoso e a pressa

volto sem querer quando decerto
mais não queria voltar
encasacado anónimo de olho circunvago
Leiria num relance prego no fundo
apetecia parar ao pé de ti Fernando Assis Pacheco

1986 Song

Now when I go back
on that rare occasion and only for a day
I'm waiting for myself on Santa Clara Bridge
with a bunch of roses that I raise up
as the car gets close
greetings to you dear Fernando Assis Pacheco
prodigal son of these flowering farms
when it happens that I return
even if it's just for a bit I see myself on the berm
of the National No.1 and gaze out left to the Valley of Hell
these days ruined by some shithead engineer
saying so long so long Fernando Assis Pacheco
young boy who used to be so carefree

if I'm summoned back to meet a deadline
at the newspaper in Condeixa already fidgety
I peek to see if you've already reached Pombal
eighth in line behind some truck
scratching your beard, one of your tics
for disguising anxiety and being in a hurry

I come back by accident when it's certain
I never wanted to come back again
my incognito overcoat my wandering eye
Leiria flashes by at full speed
I wanted to pull up next to you Fernando Assis Pacheco

cálido aceno do que morreu
conversamos os dois sobre esse século esses
cafés com quatro mesas de bilhar e matraquilhos na cave a cheirar a bolor
essas aulas a que faltávamos no último período para empatar cinco a cinco
                               com os varões todos torcidos

consta que desde então
não fazes mais do que perder

a warm nod to what had died
talk the two of us about that century those
cafés with four pool tables and foosball in the moldy cellar
the classes we skipped in the spring to tie five five, the spindles all
                                                                                twisted

presumably since then
you do nothing but lose

Fernando Assis Pacheco

Soneto aos filhos

Toda a epopeia da família cabe aqui
um avô galego chegado a Portugal rapazinho
outro de ao pé de Aveiro que se meteu
num barco para S. Tomé a fazer cacau

de filhos seus nasci
com este pouco de inútil fantasia
nutrida em solidões nas que me vejo
nu como um bacorinho na pocilga

e como ele indefeso e porém quis
mesmo assim ser mais que o animal
no tutano dos ossos pressentido

não peço nada usai meu nome
se vos praz lembrai-me
o que for costume

mas livrai-vos do luxo e da soberba

Sonnet to My Children

The whole family epic fits nicely below
a Galician grandpa arrived in Portugal as a little boy
another one from near Aveiro who got on a boat
and headed to São Tomé to work in cacao

of their children I was born
with this little bit of useless fantasy
nurtured in solitude in which I see myself
naked as a piglet in a pigsty

and like him vulnerable though I wanted
really to be more than the animal
I suspected down to my very bones I was

I'm not asking for anything but if
remembering me pleases you use my name
as custom would have it

but deliver yourselves from luxury and pride

As putas da avenida

Eu vi gelar as putas da Avenida
ao griso de Janeiro e tive pena
do que elas chamam em jargão a vida
com um requebro triste de açucena

vi-as às duas e às três falando
como se fala antes de entrar em cena
o gesto já compondo à voz de mando
do director fatal que lhes ordena

essa pose de flor recém-cortada
que para as mais batidas não é nada
senão fingirem lírios da Lorena

mas a todas o griso ia aturdindo
e eu que do trabalho vinha vindo
calçando as luvas senti tanta pena

Streetwalkers

I saw the girls working the street
in the gelid January air and felt pity
for what—in their jargon—they call
the life as they sadly sashay like lilies

I saw them talking in twos and threes
as though chatting before going on stage
their bodies already alert to the barking
director's fatal mandates as he orders

them to pose like flowers newly cut
which for the more experienced ones
is nothing if not pretending to be Lorraine

lilies but the gelid air stunned them all
and me coming from the office
pulling on my gloves I felt such pity